Manfred Rehbinder

Allgemeine Geschäftsbedingungen
und die Kontrolle ihres Inhalts

Allgemeine Geschäftsbedingungen und die Kontrolle ihres Inhalts

von
Prof. Dr. Manfred Rehbinder,
Bielefeld

1972
J. Schweitzer Verlag · Berlin

ISBN 3 8059 0276 X

Satz: Fotosatz Prill, Berlin – Druck: W. Hildebrand, Berlin

Vorwort

Die folgenden Überlegungen über Rechtsnatur und Inhaltskontrolle Allgemeiner Geschäftsbedingungen sind die erweiterte Fassung eines Vortrages, den ich auf der 29. Tagung der Deutschen Richterakademie am 15. März 1972 in Bremen gehalten habe. Die Frage, ob die Untätigkeit des Gesetzgebers auf dem Gebiete der Geschäftsbedingungen und Formularverträge mit dem Leitbild des Sozialstaates vereinbar ist, beunruhigt immer weitere Kreise der Fachjuristen. Die Diskussion meines Vortrages unter den Teilnehmern der Bremer Tagung zeigte deutlich, daß man sich durchaus der sozialen Verantwortung bewußt ist, die auf dem Richter lastet, wenn er über die Anwendbarkeit bestimmter Klauseln entscheidet, daß man sich aber in den Möglichkeiten der richterlichen Entscheidungstätigkeit beschränkt sieht und daher die Resignation der breiten Öffentlichkeit verstehen kann, die sich hier von der Rechtsordnung im Stich gelassen fühlen muß. Die Inhaltskontrolle Allgemeiner Geschäftsbedingungen durch die deutschen Gerichte ist im Vergleich zu anderen Rechtsordnungen bereits ein mutiger Schritt. Er reicht aber, wie meine Ausführungen zeigen werden, bei weitem nicht aus. Es fehlt an Leitlinien für ein modernes Vertragsrecht und es fehlt an einer staatlichen Kontrolle, die verhindert, daß die im Prinzip gewährte Vertragsfreiheit nicht zur Diktierfreiheit des wirtschaftlich Stärkeren oder Erfahreneren mißbraucht wird. Der Auftrag des Grundgesetzes, einen sozialen Rechtsstaat zu schaffen, ist mit einer Abdankung des staatlichen Gesetzgebers gegenüber dem „selbst geschaffenen Recht der Wirtschaft" nicht vereinbar.

Wenn im weiteren von Allgemeinen Geschäftsbedingungen die Rede ist, so sind darin die Formularverträge[1]) mit eingeschlossen, ferner sonstige vorgedruckte Vertragsbestimmungen, die nicht individuell ausgehandelt werden. Vorgedruckte Klauseln, die nicht individuell ausgehandelt werden, bieten nämlich unabhängig von Umfang und Erscheinungsform dieselben rechtlichen Probleme, so daß Schmidt-Salzer nicht zu Unrecht vorgeschlagen hat, von dem rechtstatsächlichen Prototyp Allgemeiner Geschäftsbedingungen einen Rechtsbegriff der Allgemeinen Geschäftsbedingungen zu unterscheiden, der alle Formen vorgedruckter und nicht individuell ausgehandelter Klauseln erfaßt.[2])

Bielefeld, im April 1972

Manfred Rehbinder

---

[1]) Formularverträge sind umfangreiche vorgedruckte Vertragsmuster, in die die individuell ausgehandelten Vertragsabreden hand- oder maschinenschriftlich eingesetzt werden, so daß sie mit dem Vorgedruckten verschmelzen. Demgegenüber sind Allgemeine Geschäftsbedingungen im eigentlichen Sinne vorgedruckte umfangreiche Zusammenstellungen von Klauseln, die von den individuell ausgehandelten Vereinbarungen äußerlich getrennt bleiben und auf die lediglich global verwiesen wird.

[2]) Joachim Schmidt-Salzer: Allgemeine Geschäftsbedingungen, NJW-Schriften 11 (1971), S. 4–9.

Inhalt

Vorwort 5

I. Der Streit um die Rechtsnatur der AGB 9

1. Vertragstheorie und Normentheorie 11
2. Die AGB als rechtsgeschäftlich aufgestellte Normen 15

a) „Soziologische" Rechtssetzung? 15
b) Normen kraft Privatautonomie 17

II. Die Inhaltskontrolle von AGB durch die Rechtsprechung 21

1. Die gegenwärtige Praxis der Gerichte 22
2. Die mangelhafte Rückwirkung der Rechtsprechung auf die Rechtswirklichkeit der AGB 26

a) Die AGB der Touristikunternehmen 26
b) Ausschluß der Zurückbehaltung wegen anerkannter Gewährleistungsansprüche in der Möbelbranche 30

3. Die Unzulänglichkeiten einer Inhaltskontrolle durch die Gerichte 33

III. Vorschläge für eine Verstärkung der Inhaltskontrolle de lege ferenda 36

1. Revision des dispositiven Vertragsrechts 36
2. Behördliches Überprüfungsverfahren 39

3. Beteiligung der staatlichen Überwachungsbehörde
an Gerichtsverfahren 41
4. Beschränkung auf Verbraucheraufklärung? 41

Thesen 44

I. Der Streit um die Rechtsnatur der AGB

Allgemeine Geschäftsbedingungen (AGB) sind ein Phänomen der Moderne, und zwar das Produkt der „industriellen Revolution" des 19. Jahrhunderts mit ihrer explosiven Ausweitung von Handel und Industrie. Die moderne Massengesellschaft mit ihrer Massenproduktion und ihrem Massenumsatz erforderte eine Standardisierung und Rationalisierung der Rechtsgeschäfte. Der einzeln ausgehandelte Vertrag wurde durch den Massenvertrag ersetzt, der nur dem äußeren Bild nach an die Formulare der seit je her bekannten Kautelarjurisprudenz anknüpfen konnte.[3]) So wie die Maschinenproduktion von der Einzelanfertigung zur Gattungsware führte, fügte die Standardisierung der Verträge dem System der Gattungsware ein System der Gattungsgeschäfte hinzu.[4]) Es war also der Massenverkehr, der die Verwendung von AGB und ihre Ausbreitung von den Versicherungen, Banken und Verkehrsunternehmen auf den Großhandel und den Markt der verarbeitenden wie der Schwerindustrie bewirkte,[5]) und heute gibt es kaum noch Bereiche des Wirtschaftslebens, in denen nicht das dispositive Gesetzesrecht von BGB und HGB durch die Regelungen von AGB verdrängt wird. Das gilt jedenfalls weitgehend für den Rechtsverkehr zwischen Unternehmen und zum erheblichen Teil für den Absatz an den Endverbraucher, ausgenommen vor allem den Handkauf des täglichen Lebens.

---

3) Ludwig Raiser: Das Recht der Allgemeinen Geschäftsbedingungen, 1935, S. 26.

4) Vgl. näher Manfred Rehbinder: Wandlungen der Rechtsstruktur im Sozialstaat, in Hirsch/Rehbinder: Studien und Materialien zur Rechtssoziologie, 2. Aufl. 1971, S. 197–222 (207).

5) Ausführlich: Raiser (FN. 3), S. 15–58; Staudinger/Weber: Kommentar zum BGB Bd. II Teil 1a, 11. Aufl. 1967, Einleitung zu § 241, Nr. 3 ff.

Womit ist aber die Verdrängung des gesetzlichen Normaltyps bestimmter Geschäfte durch AGB, jene „Flucht aus dem Gesetz", wie man sie einmal genannt hat,[6]) zu erklären? Es kommen wohl mehrere Gründe zusammen. Zunächst einmal liegt den Regelungen von BGB und HGB im wesentlichen die Vorstellung eines Individualvertrages zwischen gleich starken Parteien zugrunde. Die Wirklichkeit weicht von dieser Vorstellung jedoch recht häufig ab. Die wirtschaftliche Machtverschiedenheit äußert sich dann im Diktat allgemeiner Geschäftsbedingungen des Stärkeren. Ferner wird die Interessenbewertung des Gesetzes mitunter den objektiven Gegebenheiten bestimmter Geschäfte, in vielen Fällen den subjektiven Gegebenheiten der Parteien nicht gerecht.[7]) Weiterhin enthält die notwendigerweise abstrakt gehaltene Regelung des Gesetzes Auslegungsspielräume, die stets ein Prozeßrisiko bedeuten, das zumindest für diejenige Partei, die AGB aufstellt, gemindert werden kann. Schließlich haben AGB eine nicht zu unterschätzende faktische Wirkung: mag auch der Inhalt mancher Regelung rechtlich bedenklich sein – meist genügt schon der energische Hinweis, daß die betreffenden Klauseln zwischen den Parteien „gelten" würden, um den Durchschnittsbürger resignieren zu lassen. Er findet sich mit dem Gedruckten, meist reichlich klein Gedruckten, ab und wagt es nicht, sich auf einen Prozeß einzulassen. Andererseits teilt manche Klausel der AGB insoweit das Schicksal des Gesetzes, als vieles in den oft sehr langatmigen AGB steht, was im Streitfall, sei es aus Kulanz, sei es aus anderen Gründen, nie verwirklicht wird. Schon Eugen Ehrlich hat nachdrücklich hervorgehoben, daß nur das an einer Urkunde lebendes Recht ist, wovon man im Leben tatsächlich Gebrauch macht.[8]) Gleichwohl ist aber jede Klausel der AGB zumindest potentiell auch lebendes Recht und erfordert daher die volle Aufmerksamkeit der Rechtswissenschaft.

---

[6]) Franz Arthur Müllereisert: Allgemeine Lieferungsbedingungen der Industrie, des Handwerks und der öffentlichen Hand, 1932, S. VI f.

[7]) Dazu eingehend Rudolf Müller-Erzbach: Die Interessen- und die Machtlage beim Kauf und deren Haupteinwirkungen auf die Rechtsgestaltung, in FS. Heinrich Lehmann, 1937, S. 141, 156 ff.

[8]) Eugen Ehrlich: Recht und Leben, hrsg. von M. Rehbinder, 1967, S. 36 f.

1. Vertragstheorie und Normentheorie

Die wissenschaftliche Beschäftigung mit Fragen der AGB setzte im wesentlichen erst nach dem 1. Weltkrieg ein, obwohl sich die Rechtsprechung schon vorher mit speziellen Problemen auseinandersetzen mußte.[9]) Im Vordergrund stand zunächst der Geltungsgrund, d.h. die Frage, unter welchen Voraussetzungen die von einer Partei aufgestellten AGB für die andere Partei maßgeblich waren. Man folgte dabei der Auffassung des Reichsgerichts, derzufolge den AGB die Wirkung vertragsgestaltender Abmachungen zukam. Die AGB galten als rechtsgeschäftliche Vereinbarungen auf vertraglicher Grundlage. Immerhin verriet schon das RG eine gewisse Unsicherheit, wenn es bei der rechtstheoretischen Einordnung von einer „lex contractus" sprach und den AGB durch Verwendung dieser unscharfen Bezeichnung eine gewisse Sonderstellung zubilligte. Daß die AGB tatsächlich ein rechtstheoretisch eigenartiges Phänomen darstellten, hat dann Alfred Hueck im Jahre 1923 in einer berühmt gewordenen Abhandlung in Jherings Jahrbüchern nachgewiesen. Er verwandte einen ähnlich unscharfen Begriff und qualifizierte die AGB als „Normenverträge". Dabei unterschied er zwischen dem Richtlinienvertrag, der den Inhalt künftiger Verträge gestaltet; dem schuldrechtlichen Normenvertrag, der die Parteien verpflichtet, die vereinbarten AGB in die späteren Einzelverträge aufzunehmen; und dem rechtsverbindlichen Normenvertrag, der kraft staatlicher Genehmigung rechtsverbindliche Normen setzt.[10]) Im Ergebnis blieb es aber auch für Hueck bei der Auffassung des RG: „Normenverträge" sind keine Rechtsnormen, sondern Verträge und gelten, vom Sonderfall des staatlich genehmigten sog. rechtsverbindlichen Normenvertrages abgesehen, nur in Fällen, wo dies von den Parteien vertraglich vereinbart ist.[11])

---

9) Vgl. RGZ 58, 151 (155); 66, 36 (40); 81, 117 (119).

10) Alfred Hueck: Normenverträge, in Jherings Jahrbüchern 77 (1923), S. 33 ff., 47 ff., 59 ff., 81 ff.

11) Ebd. S. 80.

Diese Auffassung führte allerdings zu dogmatischen Schwierigkeiten, sobald die Geltung der AGB nicht ausdrücklich vereinbart war. Hier mußte die „Auslegung“ ersetzen, was die theoretische Konzeption erforderte, um zum gewünschten Ergebnis zu kommen. Daß aber diese theoretische Konzeption als solche fragwürdig war, zeigte eindrucksvoll die im Jahre 1935 erschienene Monographie von Ludwig Raiser. Nach eingehender Schilderung des wirtschaftlichen Sachverhalts im zweiten Kapitel seiner Arbeit versuchte er eine „rechtssoziologische Deutung”.[12]) Diese Ausführungen gehören heute noch zum besten, was je über die AGB geschrieben wurde. Als Ergebnis seiner Analyse stellt Raiser fest, daß „sich die Behandlung der AGB als rechtsgeschäftlicher, zum Inhalt von Einzelverträgen bestimmter Produkte als unzureichend” erwiesen habe, andererseits aber die Einordnung der AGB „in den herkömmlichen Katalog der Quellen objektiven Rechts” unmöglich sei.[13]) Die Gegenüberstellung von Rechtsgeschäft und Rechtssatz sei zwar verfehlt, aber innerhalb einer lediglich am staatlichen Recht orientierten Privatrechtsdogmatik, die „soziologisches Recht“ außer acht lasse, noch berechtigt.[14]) Geltungsgrund der AGB sei die Verweisung.[15]) Diese VErweisung auf die AGB könne nicht nur durch eindeutige Verweisungserklärung der Parteien, sondern auch durch die Verkehrssitte erfolgen. Die Verkehrssitte wirkt dabei in verschiedenen Intensitätsgraden, und zwar als Auslegungsmittel für die Bedeutung einzelner Klauseln, als Rechtssatz einer Verweisung und schließlich als Sanktionierung des Inhalts.[16])

Raiser sprach also vom soziologischen Standpunkt aus den AGB Rechtsnormenqualität zu und versuchte, dieses Ergebnis in die hergebrachte Rechtsquellenlehre der Privatrechtsdogmatik einzubringen. Der damit eingeschlagene Weg

---

12) FN. 3, S. 59–89.

13) Ebd. S. 63.

14) Ebd. S. 147.

15) Ebd. S. 88, 151, 152.

16) Ebd. S. 160 ff.

wurde weniger aus rechtssoziologischen Erwägungen als aus Gründen der allgemein-politischen Tendenz der damaligen Zeit mit ihrer zunehmenden staatlichen Lenkung der Wirtschaft[17]) fortgesetzt und führte zum Wandel der Rechtsprechung in der bekannten Entscheidung des RG in DR 1941, S. 1212 (Nr.10) Zwar hebt Wilhelm Weber mit Recht hervor, daß das RG in dieser Entscheidung nicht, wie oft behauptet wurde, die Meinung vertreten habe, die AGB seien Rechtsnormen, sondern daß es lediglich die Frage nach der erforderlichen Kenntnis von Einzelheiten solcher Bedingungen untersuchte und insofern äusserte, es handele sich hier kaum noch um eine echte vertragliche Vereinbarung, sondern um die Unterwerfung unter eine fertig bereit liegende Rechtsordnung. Auch in den folgenden Entscheidungen wurde lediglich die Auffassung vertreten, AGB seien ähnlich wie gesetzliche Vorschriften auszulegen.[18]) Aber diese Entscheidungen bildeten die Grundlage für die nun zunehmend vertretene Theorie vom Normencharakter der AGB, wie sie von Eilles, Herschel und Bernhardt entwickelt wurde[19]) und wie sie auch nach 1945 in Rechtsprechung und Schrifttum stark vertreten war.[20]) Inzwischen ist das Pendel wieder völlig in die andere Richtung zurückgeschlagen. Zwar hatte der BGH zunächst noch an der Auffassung festgehalten, es handele sich bei den AGB um eine „allgemeine normative Rechtsordnung", der sich die Parteien allerdings – wenn auch stillschweigend – unterwerfen müssen, damit sie gelte.[21]) Dann aber wurde in späteren Entscheidungen immer mehr auf die Vereinbarung als Geltungsgrund abgestellt; die AGB seien keine Rechtsnormen, vielmehr handele es sich bei ihnen um eine allgemein festgelegte Vertragsgrundlage.[22]) Ihre Geltung beruhe auf

---

17) Vgl. Rudolf Nörr: Die Rechtsstruktur der Allgemeinen Geschäftsbedingungen, Diss. München 1954, S. 51 ff.

18) RGZ 170, 233 (240); 171, 43 (48).

19) RGrat Eilles: Gedanken zur Auslegung und Anwendung subjektiven Privatrechts, in ZZP 62 (1941), S. 1–11; Wilhelm Herschel: Die Vertragsordnung als Rechtsnorm, in DR 1942, S. 753–761; Wolfgang Bernhardt: Die allgemeinen Geschäftsbedingungen als Rechtsnormen, in DR 1942, S. 1171–1174.

20) Nachweise bei Staudinger/Weber (FN. 5), Nr. 184, 186, 187.

21) BGHZ 1, 83 (86); 8, 55 (56).

22) BGHZ 17, 1 (2).

der Unterwerfung der Parteien, die die Bedingungen im einzelnen zwar nicht zu kennen brauchten, deren Einverständnis mit unbekannten Bedingungen sich aber nur auf solche Bestimmungen beziehen könne, mit denen sie billigerweise rechnen müßten.[23]) Auch die Literatur steht heute ganz überwiegend auf dem Standpunkt der Vertragstheorie, insbesondere die heute führenden Arbeiten von Joachim Schmidt-Salzer und Wilhelm Weber.[24]) Gleichwohl ist man sich nur im Negativen, nämlich in der Ablehnung des Normencharakters einig. Positiv besteht dagegen über den Geltungsgrund noch immer Unklarheit. Während der BGH die für die Geltung erforderliche „Unterwerfung" auf eine nach den §§ 157, 242 BGB zu beurteilende Willenserklärung zurückführt, wird in der Literatur eine ganze Skala vertragsrechtlicher Modelle herangezogen: von der Vertragsfiktion[25]) über eine Analogie zur culpa in contrahendo,[26]) der schuldhaften Verletzung einer Obliegenheit zu widersprechen[27]) und der Verweisung durch sozialtypisches Verhalten, typisiert durch Verkehrssitte und Handelsbrauch,[28]) bis zum faktischen Vertrag.[29])

---

23) BGHZ 17, 1 (3); 33, 216 (219).

24) Joachim Schmidt-Salzer: Das Recht der Allgemeinen Geschäfts- und Versicherungsbedingungen, 1967; ders.: Allgemeine Geschäftsbedingungen, 1971 (FN.2); Staudinger/Weber, 1967 (FN. 5).

25) Karl Nastelski: Zulässigkeit und Wirkung von allgemeinen Geschäftsbedingungen, in DRiZ 1955, S. 212–215.

26) Helmut Meeske: Die „Unterwerfung" unter Allgemeine Geschäftsbedingungen, in BB 1959, S. 857–864.

27) Hermann Krause: Allgemeine Geschäftsbedingungen und das Prinzip des sozialen Rechtsstaates, in BB 1955, S. 265–269; Peter Hanau: Objektive Elemente im Tatbestand der Willenserklärung, in AcP 165 (1965), S. 20–284 (236); Staudinger/Coing: Kommentar zum BGB, 11. Aufl. 1957, Vorbem. 24 k vor § 145.

28) Raiser (FN. 3), S. 157 ff., 199 ff.; Schmidt-Salzer (FN. 24), S. 124 ff.; Erman/Hefermehl: Kommentar zum BGB, 4. Aufl. 1967, Bem. III 3 c vor § 145.

29) Vgl. Soergel/Lange: Kommentar zum BGB, 10. Aufl. 1967, Nr. 93 vor § 145; BGHZ 23, 175 (177).

2. Die ABG als rechtsgeschäftlich aufgestellte Normen

Der Streit zwischen Vertragstheorie und Normentheorie mag zwar für die Lösung konkreter Rechtsprobleme kaum praktisch relevant werden,[30]) weil beide Auffassungen sachentsprechende Ergebnisse erzielt haben. Nur eine weitere Klärung dieses Streites kann aber das schlechte Gewissen wissenschaftlich denkender Juristen beheben, das sich notwendigerweise einstellt, wenn man mit der heute herrschenden Meinung aus vermeintlich rechtstheoretisch zwingenden Gründen der Vertragstheorie ein Lippenbekenntnis bringt, in praktischen Fragen aber wie bei der Auslegungsmethode und der Revisibilität von AGB diese wie Gesetzesrecht behandelt. Dieses schlechte Gewissen wird nur notdürftig mit dem freimütigen Geständnis bemäntelt, daß „soziologisch gesehen“ die AGB natürlich Normcharakter hätten, faktisch also wie Normen wirken würden.[31]) Mir scheint es notwendig, in diesem Zusammenhang auf zwei Gesichtspunkte aufmerksam zu machen.

a) „Soziologische" Rechtssetzung?

Zunächst möchte ich als Rechtssoziologe vor einer „soziologischen Betrachtungsweise" warnen, die die Normenqualität der AGB als objektives Recht

---

[30]) Der Unterschied beider Auffassungen äußert sich vor allem in der rechtspolitischen Einstellung gegenüber AGB, die von Herschel (FN. 19, S. 761) treffend dahin gekennzeichnet wird: „Je mehr man den Normencharakter der Vertragsordnung erkennt, um so mehr ist der politischen Kontrolle der Weg geebnet."

[31]) Schlegelberger/Hefermehl: HGB-Kommentar Bd. 3, 4. Aufl. 1965, § 346 Anm. 70; Karl Larenz: Lehrbuch des Schuldrechts Bd. I, 9. Aufl. 1968, § 8 IV, S. 95 Anm. 1; Rudolf Lukes: Grundprobleme der Allgemeinen Geschäftsbedingungen, in JuS 1961, S. 301 (304); Hans-Georg Helm: Private Norm und staatliches Recht beim Massenvertrag, in JuS 1965, S. 121 (123); Peter-Hubert Naendrup: Die Teilnichtigkeit im Recht der Allgemeinen Geschäftsbedingungen, 1966, S. 56 ff., 113.

aus deren Entstehung als „selbstgeschaffenes Recht der Wirtschaft"[32]) herleitet. Eine außerstaatliche Rechtssetzung, die ihre Rechtssetzungsgewalt nicht vom Staat herleitet,[33]) der sie vielmehr originär und dem Staat quasi vorgegeben zusteht, ist im modernen Rechtsstaat nicht denkbar. Eine „soziologische Rechtssetzung", die nicht vom Staat übertragen, sondern von diesem lediglich geduldet wird, ist ein Denkfehler der Rechtsquellenlehre, der die Gefahr einer falsch verstandenen Rechtssoziologie deutlich macht.

Hinsichtlich des Entstehungsvorganges ist sicher richtig, daß die betreffenden Normen unabhängig vom Staat und insoweit originär geschaffen wurden. Es ist aber falsch, von der faktischen Entstehung auf die normative Geltung zu schließen. Als Rechtsnormen gelten diese außerstaatlich geschaffenen Normen doch nur, weil der Staat ihnen seine Sanktionen, die Sanktionen des staatlichen Rechts, zur Verfügung stellt. Der rechtstheoretische Fehler einer soziologischen Sicht der AGB besteht eben darin, daß Herkunftsquelle und Qualifikationsquelle nicht unterschieden werden. Der Umstand, daß es genetisch „die Wirtschaft" ist, die für ihren Bereich AGB aufstellt, widerlegt doch keinesfalls die Lehre vom staatlichen Rechtsmonopol; denn wie es bei Gustav Boehmer heißt: „Eine selbständige Verbandsordnung ist als Recht nur insoweit verbindlich, als sie sich in dem Rahmen bewegt, den ihr das staatliche Recht durch Gewährung einer Art ‚Privatautonomie' abgesteckt hat".[34]) Zwar spricht die Rechtssoziologie unter gewissen Voraussetzungen auch staatsunabhängigen

---

32) Hans Grossmann-Doerth: Selbstgeschaffenes Recht der Wirtschaft und staatliches Recht, 1933.

33) Wie das in einigen Spezialgesetzen der Fall ist, die ausdrücklich in Teilbereichen wie der Beförderungswirtschaft oder der Energiewirtschaft den verbindlichen Erlaß von Allgemeinen Bedingungen vorsehen und diesen damit Gesetzescharakter verleihen, so daß sie nicht mehr als AGB im technischen Sinne erscheinen, vgl. näher Manfred Rehbinder: Das Kaufrecht in den Allgemeinen Geschäftsbedingungen der deutschen Wirtschaft, 1970, S. 18 Anm. 40.

34) Gustav Boehmer: Grundlagen der Bürgerlichen Rechtsordnung Bd. II, 1 (1951), S. 165.

Verbandsordnungen eine eigene Rechtsqualität zu und kommt dementsprechend zur Annahme eines Pluralismus der Rechtsordnungen. Wenn aber die Frage gestellt wird, ob die AGB Rechtsnormen seien, fragt man ja nicht, ob diese AGB Verbandsrechtscharakter haben und dementsprechend nur innerhalb des angenommenen Verbandes Geltung haben, sondern es geht doch darum, ob die AGB den Charakter von Normen des staatlichen Rechts haben, die vor den staatlichen Gerichten gelten, nicht etwa nur vor irgendwelchen Verbandsgerichten. Um aber staatliches Recht, das vor staatlichen Gerichten gelten soll, durch außerstaatliche Instanzen setzen zu können, dazu bedarf es eben staatlicher Autorisation. Eine „soziologische" Rechtsschöpfung der Wirtschaft kraft eigenen Rechts kann also nicht vorliegen.

b) Normen kraft Privatautonomie

Der zweite Punkt, auf den ich aufmerksam machen möchte, ist der Umstand, daß unsere Rechtsquellenlehre schon seit langem weiter ist, als uns der Streit zwischen Vertragstheorie und Normentheorie glauben macht. Zwar geben Handbücher und Großkommentare auch heute noch als Quellen des objektiven innerstaatlichen Rechts meist nur das gesetzte Recht, also Gesetz, Rechtsverordnung und Satzung, sowie das Gewohnheitsrecht an, wobei man sich dann streitet, ob innerhalb des verwaschenen und wenig brauchbaren Begriffs des Gewohnheitsrechts oder neben diesem noch ein besonderes Richterrecht oder gar ein Professorenrecht angenommen werden kann. Demgegenüber lehrt aber der weitaus überwiegende Teil der rechtstheoretischen Literatur, daß Normen nicht nur durch Gesetz im weitesten Sinne und Richterspruch, sondern daß sie auch durch Rechtsgeschäft entstehen können.[35]) Schon das RG hat in einem Beschluß aus dem Jahre 1922[36]) festgestellt, daß es drei Rechtsquellen gäbe, nämlich Gesetzesrecht, Richterrecht und das sog. Parteirecht, und daß

---

35) Vgl. Eugen Bucher: Das subjektive Recht als Normsetzungsbefugnis, 1965.

36) RG in JW 1922, S. 910.

alle drei als Rechtsquellen einander ebenbürtig seien. Man hat diese Rechtsquellenlehre als Grundsatz von der Trinität der Norm bezeichnet.[37])

Es ist also durchaus nicht so, daß wir bei der Deutung der AGB nur die Wahl zwischen Rechtsnorm auf der einen Seite und dem Vertrag, d.h. also dem Rechtsgeschäft auf der anderen Seite hätten. Es gibt auch die rechtsgeschäftliche Norm. Diese ist im Vergleich zur Norm des gesetzten Rechts, die gewöhnlich generell und abstrakt gefaßt ist, oft individuell und konkret. Aber in der Struktur als Norm, als Sollenssatz, ist sie gleich. Das ist heute allgemein anerkannt. Die individuelle und konkrete Fassung betrifft nur den Anwendungs- und Geltungsbereich der Norm, berührt aber nicht ihre Gestalt als Regelsatz. Die Befugnis zum Setzen solcher rechtsgeschäftlicher Normen beruht auf der dem Einzelnen gesetzlich zugebilligten Privatautonomie. Diese Privatautonomie ist es, die den Anwendungs- und Geltungsbereich der rechtsgeschäftlichen Norm beschränkt, wohingegen der staatliche Gesetzgeber in seiner Rechtssetzungsbefugnis nur durch die Verfassung beschränkt ist.

Der Streit zwischen Vertragstheorie und Normentheorie ist mit anderen Worten bei der traditionellen, d.h. veralteten Rechtsquellenlehre stehen geblieben, die die Möglichkeit der Rechtssetzung durch Rechtsgeschäft negiert. Früher hat man auch z.B. die Rechtsqualität einer Vereinssatzung allgemein abgelehnt. Heute zeigt ein Blick in die neueren Kommentare, daß die alte Vertragstheorie durch die Normentheorie verdrängt wird, die in der Satzung, die kraft Vereinsautonomie durch Rechtsgeschäft aufgestellt wird, objektive Rechtsnormen sieht.[38]) Eine neuere Entscheidung des BGH hat sich dem ausdrücklich angeschlossen[38a]). Gibt man zu, daß Rechtsnormen auch durch Rechtsgeschäft ge-

---

[37]) Walter G. Becker: Gegenopfer und Opferverwehrung, 1958, S. 205–222.

[38]) Z.B. Soergel/Schultze-v. Lasaulx: BGB-Kommentar Bd. 1, 10. Aufl. 1967, § 25 Nr. 7–10; vgl. als einer der ersten Vertreter der „objektiven Gesetzestheorie" Paul Oertmann: Die rechtliche Natur der Vereinssatzung, in ARWPh 7 (1913/14), S. 127–143.

[38a]) BGHZ 47, 172 (179f.).

schaffen werden können, dann erkennt man auch wieder die Gleichartigkeit der beiden Rechtsphänomene AGB und Tarifvertrag, die in der älteren Literatur stets erkannt,[39]) in der neueren jedoch häufig infolge der Vertragstheorie geflissentlich übersehen wurde.

Die erforderliche Zusammenschau von Vereinssatzung, Tarifvertrag, AGB und anderen Zwitterphänomenen, die weder unter den Gesetzesbegriff noch unter den Rechtsgeschäftsbegriff hinreichend zu subsumieren sind, ist jedoch jüngst durch Ulrich Meyer-Cording in seiner Monographie über „Die Rechtsnormen" (1971) erfolgt. Meyer-Cording spricht von institutionellen Rechtsnormen, deren Geltung nicht auf Zwang, sondern auf Status-Verträgen beruhe, Die von ihm geschilderte Abdankung des alten Vertragsrechts und die Hinwendung der Rechtsordnung zu einer neuen Art von Statusrecht habe ich bereits früher in meinem Beitrag in der Festschrift für Ernst E. Hirsch beschrieben und vorgeschlagen, hier mit dem soziologischen Rollenbegriff zu arbeiten, weil das Wort „Status" nur die Position in einem hierarchischen Ordnungssystem bezeichnet, was im Vertragsrecht nicht immer vorzuliegen braucht.[40]) Dies ist jetzt durch die Arbeit meines Schülers Ephard Wüstmann über „Rolle und Rollenkonflikt im Recht"[41]) im einzelnen näher ausgeführt worden. AGB definieren die gesetzlich geregelte Rolle z.B. von Käufer und Verkäufer neu und passen sie den besonderen Bedürfnissen bestimmter Kaufgeschäfte an. Das ist im Kaufrecht in bestimmten Grenzen zulässig. Derartige vom Gesetzesrecht abweichende Rollenbilder gelten aber als Normen nur, wenn der Einzelne Träger dieser Rollen geworden ist. Das kann durch Übernahmevertrag geschehen, aber auch durch faktische Übernahme, die dem Einzelnen zuzurechnen ist.

---

[39]) Hugo Sinzheimer: Der korporative Arbeitsnormenvertrag, Bd. I (1907), S. 107; Hueck (FN. 10).

[40]) Manfred Rehbinder: Status-Kontrakt-Rolle. Wandlungen der Rechtsstruktur auf dem Wege zur offenen Gesellschaft, in Berliner FS für Ernst E. Hirsch, 1968, S. 141–169.

[41]) Bd. 26 der Schriftenreihe für Rechtssoziologie und Rechtstatsachenforschung, 1972.

Wann das jeweils der Fall ist, welche Voraussetzungen also für die „Unterwerfung" unter die AGB zu fordern sind, ist eine schwierige Frage, der ich hier nicht nachgehen will. Ich möchte mich vielmehr auf die Frage beschränken, was getan werden muß, um den Inhalt von AGB zu kontrollieren, damit nicht wirtschaftliche Macht zum Rechtsdiktat mißbraucht wird. Dabei ist aber natürlich im Auge zu behalten, daß die Unterwerfung unter AGB eine positive Kenntnis ihres Inhalts nicht voraussetzt und daß in der Tat der Inhalt in den meisten Fällen den Kunden nicht bekannt ist.

II. Die Inhaltskontrolle von AGB durch die Rechtsprechung

Seit den zwanziger Jahren ist die Kritik nicht verstummt, daß Handel und Industrie, Banken und Versicherungen ihre Marktmacht durch einseitiges Diktat vom AGB mißbrauchten. Die Vertragsfreiheit des Gesetzes, so sagt man, sei zur Diktierfreiheit der einen und zur Vertragsunfreiheit der anderen Seite geworden.[42]) Zunehmend gewann die Ansicht an Boden, daß die Privatautonomie in weiten Bereichen des Wirtschaftslebens nur dann gewährleistet bleiben könne, wenn man der unkontrollierten Machtentfaltung durch die Aufsteller von AGB Einhalt gebiete.

Eine entsprechende Kontrolle Allgemeiner Geschäftsbedingungen wird heute in verschiedener Form vorgenommen. In einigen Bereichen ist eine Inhaltskontrolle schon seit langem durch das Erfordernis einer öffentlich-rechtlichen Genehmigung von AGB möglich, so im Bereich der Personenbeförderung durch Luftfahrtunternehmen, bei Versicherungen, Hypothekenbanken,Bausparkassen und Kapitalanlagegesellschaften.[43]) Soweit AGB Äußerungsformen eines Konditionenkartells i.S. der §§ 2, 1 GWB sind, unterliegen sie der Kontrollbefugnis der Kartellbehörden nach §§ 2 Abs. 3, 9 Abs. 2 und 12 GWB. Sie müssen dann angemeldet werden und können durch Widerspruch des Kartellamtes am Wirksamwerden gehindert bzw. für unwirksam erklärt werden. Geschäftsbedingungen marktbeherrschender Unternehmen unterliegen der Mißbrauchs-

---

[42]) Staudinger/Weber (FN. 5), Nr. 41 ff, mit umfassenden Nachweisen.

[43]) Vgl. im einzelnen Fritz Hauss: Länderbericht Deutschland, in Richterliche Kontrolle von Allgemeinen Geschäftsbedingungen, 1968, S. 10.

kontrolle nach § 22 Abs. 4 GWB. Die Kontrolle der Kartellbehörden beschränkt sich jedoch auf wettbewerbsrechtliche Gesichtspunkte. Bei Versteigerungsbedingungen besteht eine Mitteilungspflicht gegenüber der zuständigen Behörde.[44]) Im übrigen aber ist nach geltendem Recht lediglich die Möglichkeit einer Kontrolle durch die Gerichte gegeben.

1. Die gegenwärtige Praxis der Gerichte

Diese richterliche Kontrolle Allgemeiner Geschäftsbedingungen wird gegenwärtig unter drei verschiedenen Aspekten vorgenommen.

a) Zunächst wird geprüft, ob die AGB überhaupt in den Einzelvertrag einbezogen worden sind. Das ist immer dann zweifelhaft, wenn es an einer ausdrücklichen Einbeziehungsvereinbarung fehlt. Ob bei mangelnder Kenntnis oder Zustimmung gleichwohl von einer stillschweigenden oder unterstellten Einbeziehung auszugehen ist, ist sehr häufig Gegenstand von Entscheidungen gewesen. So hat man sich insbesondere damit auseinandergesetzt,

- unter welchen Umständen der Abdruck von AGB in Preislisten, Katalogen, Aushängen, auf Eintrittskarten, Verwahrungsscheinen, Lieferscheinen, Rechnungen usw. zu stillschweigender Geltungsvereinbarung führt,
- wann ständige Geschäftsverbindungen die Einbeziehung bewirken,
- welche Auswirkung die Bezugnahme auf AGB in Auftragsbestätigungen hat,
- welche Vertragsbedingungen gelten, wenn die Parteien wechselseitig auf einander widersprechende AGB hingewiesen haben

---

44) § 5 Abs. 3 VO über gewerbsmäßige Versteigerungen (BGBl 1961 I 43).

– und wann auch ohne entsprechende Verweisungserklärung die AGB in den Einzelvertrag einzubeziehen sind, sofern nur die Verwendung von Geschäftsbedingungen branchenüblich ist.[45])

Wie immer auch hier die Einbeziehung zu konstruieren ist, stets wurde betont, daß nur solche Klauseln Vertragsbestandteil werden können, mit denen der Vertragspartner rechnen muß. Enthalten AGB also Bestimmungen, die unüblich sind, kommt eine Einbeziehung mangels ausdrücklicher Verweisung nicht in Betracht. Auch mit unbilligen Bestimmungen braucht der Vertragspartner nicht zu rechnen.[46]) Auf diese Weise findet also hier bei der Überprüfung der Einbeziehung von AGB in den Einzelvertrag eine indirekte Inhaltskontrolle statt. Diese ist allerdings sehr stark am Einzelfall, nämlich an den Verhältnissen des betreffenden Vertragspartners orientiert.

b) Ist die Einbeziehung der AGB in den Einzelvertrag geklärt, so wird geprüft, ob bestimmte Klauseln eindeutig formuliert sind. Bei mehrdeutigen Klauseln, die von den Vertragsparteien nicht übereinstimmend verstanden wurden, ist die Auslegung nach einem objektiven Maßstab, nämlich dem Verständnis eines Durchschnittskunden vorzunehmen.[47]) Dabei ist nach der Unklarheitenregel (in dubio contra stipulatorem) diejenige Interpretation zu bevorzugen, die für den Aufsteller der AGB ungünstig ist.[48]) Dem gleichen Gedanken entstammt die Regel, nach der Individualvereinbarungen stets Vorrang gegenüber widersprechenden AGB-Klauseln haben.[49])

---

45) Vgl. die Rechtsprechungsnachweise für die einzelnen Fallgruppen bei Palandt/-Heinrichs, BGB, 31. Aufl. 1972, Anm. 6 B d vor § 145.

46) BGHZ 17, 1 (3); 33, 216 (219); 38, 183 (185); BGH in NJW 1970, S. 992.

47) BGHZ 49, 84 (88).

48) BGHZ 5, 111 (115); BGH in BB 1970, S. 466 und 898.

49) BGHZ 50, 200: Eignungszusicherung gegen Freizeichnungsklausel.

Auch im Auslegungsfalle findet also eine indirekte Inhaltskontrolle statt, die am Schutz des Vertragspartners orientiert ist. Sie versagt jedoch, wenn die anstößigen Klauseln eindeutig sind.

c) In vielen Fällen ist daher nur durch eine direkte Inhaltskontrolle zu helfen, die einzelnen Klauseln trotz Einbeziehung in die Einzelvereinbarung und eindeutigen Inhalts die Geltung versagt, weil sie unbillig sind. Die Gerichte waren aber nur sehr zögernd bereit, das liberale Prinzip der Vertragsfreiheit durch sozialstaatliche Erwägungen zu begrenzen. Auch heute noch wird von kompetenter Seite von einer „Largesse der Gerichte gegenüber Allgemeinen Geschäftsbedingungen"[50]) gesprochen, obwohl der ursprünglich sehr schmale Ausgangspunkt der Inhaltsüberprüfung, nämlich der Verstoß gegen die guten Sitten oder die sittenwidrige Ausnutzung einer Monopolstellung zu Gunsten der sehr viel breiteren Generalklausel des § 242 BGB verlassen worden ist.[51])

Im einzelnen haben folgende Klauseln, soweit sie dispositives Gesetzesrecht verdrängen, die Rechtsprechung beschäftigt:

- Der Ausschluß jeder Gewährleistung oder einzelner Gewährleistungsansprüche,
- Freizeichnungsklauseln, Haftungsausschlußklauseln sowie Haftungsbegrenzungsklauseln,
- Ausschlußfristen für die Geltendmachung von Rechten des Kunden,
- Schadenspauschalierungen,
- Vertragsstraf- und Verwirkungsklauseln,
- der Vorbehalt jederzeitiger Lösung vom Vertrag ohne Ersatzpflicht,
- der Ausschluß jeder Lösungsmöglichkeit oder die übermäßige Beschränkung des Kündigungsrechts zu Lasten des Vertragsgegners,
- die Bestimmung einer Ausschließlichkeitsbindung,
- die erhebliche Verstärkung der Rechtsstellung des Unternehmers bei geringem Verzug des anderen Teiles und die Beschränkung der Rechte des Vertragspartners bei langdauerndem Verzug des Unternehmers,

---

50) Erwin Deutsch in JZ 1969, S. 392.

- Sicherungsklauseln wie Lohnabtretungsverpflichtungen, Globalzessionen, Eigentumsvorbehaltsklauseln einschließlich der Erweiterungen, Sicherungsübereignungsklauseln,
- Abtretungsverbote oder -beschränkungen,
- Aufrechnungsbeschränkungen, Vorleistungs- und Zurückbehaltungsklauseln,
- Beweislastklauseln,
- Verjährungsverkürzungen,
- Klauseln, die Gerichtsstand und Erfüllungsort abweichend von der gesetzlichen Regelung bestimmen,
- Schiedsgerichtsklauseln,
- Zinsklauseln.

Hinsichtlich der Ergebnisse kann hier auf die eingehende Rechtsprechungsübersicht in der neueren Arbeit von Joachim Schmidt-Salzer[52]) verwiesen werden, sowie auf die einschlägige Kommentarliteratur.[53]) Als Leitsatz der Billigkeitsprüfung wurde herausgestellt, daß AGB regelmäßig so aufzustellen seien, daß die Interessen beider Parteien ähnlich wie im „verdrängten" dispositiven Recht berücksichtigt werden. Eine Abweichung von der dem positiven Recht zugrunde liegenden Interessenwertung sei nur zulässig, wenn ein sachlicher Grund dies rechtfertigt.[54]) Das Preisargument wurde hier für den Regelfall[55]) nicht als ausreichend erachtet. Der Verkäufer müsse seine Preise eben

---

[51]) Vgl. zunächst RGZ 20, 115 (117); dann RGZ 128, 92 (96); 143, 24 (28); und schließlich RG DR 1941, 1726; RGZ 168, 321 (329); BGHZ 20, 164 (167); 22, 90 (96); 33, 216 (219); 37, 94 (98); 41, 151 (153); 48, 264 (269).

[52]) Siehe FN. 2.

[53]) Soergel/Lange (FN. 29), Nr. 105 vor § 145; Erman/Hefermehl (FN. 28), Anm. 5 vor § 145; Palandt/Heinrichs (FN. 45), Anm. 6 D d der Einf. vor § 145.

[54]) BGHZ 22, 90 (93); 41, 151 (154).

[55]) Ausnahmen wurden für die wirtschaftliche Betätigung der öffentlichen Hand anerkannt, die nach dem Kostendeckungsprinzip kalkuliert (BGH LM Allgem. Bedingungen der Elektrizitätsversorgungsunternehmen Nr. 7/8), ferner für die entgeltliche Bewachung von Parkplätzen (BGH in NJW 1968, S. 1718, 1719).

nach solchen Bedingungen kalkulieren, die sich mit den Geboten von Treu und Glauben vereinbaren lassen.[56]) Anders ist die Beurteilung wohl nur, wenn dem Kunden die Wahl zwischen verschieden kalkulierten Bedingungen freigestellt wird.[57])

2. Die mangelhafte Rückwirkung der Rechtsprechung auf die Rechtswirklichkeit der AGB

Es ist zuzugeben, daß die vorstehenden Leitlinien der Rechtsprechung einen ganz erheblichen Wertungsspielraum lassen, so daß dem Aufsteller von AGB die Zulässigkeitsgrenze nicht ohne weiteres erkennbar ist. Andererseits ist es wirtschaftlich betrachtet auch kein großes Risiko, diese Grenze zu überschreiten; denn ehe es zur gerichtlichen und erst recht zur höchstrichterlichen Entscheidung im Einzelfalle kommt, hat die ungültige Klausel schon zur Genüge zum Geschäftserfolg beigetragen.

a) Die AGB der Touristikunternehmen

In welchem Umfange und vor allem mit welcher Breitenwirkung Geschäftsbedingungen, die nach den dargestellten Grundsätzen der Rechtsprechung unwirksam sind, heute tatsächlich zur Anwendung kommen, hat meine Doktorandin Gabriele Arndt in ihrer kürzlich fertiggestellten Dissertation am Recht der Pauschalreise nachgewiesen. Sie gelangt zu dem Ergebnis, daß aus den heute gängigen Reisebedingungen der größten deutschen Touristikunternehmen 21 Klauseln ungültig sind. Ich möchte aus dieser Untersuchung einige bemerkenswerte Beispiele vorführen.

---

56) BGHZ 22, 90 (98); 33, 216 (219).

57) Zum Fall dieser sog. Tarifwahl vgl. Schmidt-Salzer (FN. 2), S. 116.

1. Die meisten Vertragsbedingungen der Reiseunternehmen enthalten einen allgemeinen Änderungsvorbehalt. Er betrifft in der Regel die Preise, Fahrpläne, Reisepläne, die Unterkünfte am Urlaubsort oder den Einsatz der vereinbarten Beförderungsmittel. Kommt es zu einer anderen Gestaltung des Reiseablaufes, so wird stets anhand der §§ 315, 242 BGB zu prüfen sein, ob der Kunde wegen des Vorbehalts verpflichtet ist, die neue Leistung entgegenzunehmen, oder ob die Änderung so weitgehend ist, daß es ihm unter Billigkeitserwägungen nicht mehr zugemutet werden kann, die Reise unter den neuen Bedingungen anzutreten oder weiter an ihr teilzunehmen. Dies wird insbesondere dann der Fall sein, wenn die Änderung unnötig, unzumutbar oder vom Organisationsdienst verschuldet ist. In jedem Fall müssen anstehende oder eingetretene Änderungen dem Kunden baldmöglichst mitgeteilt werden. Reisebedingungen, die eine detaillierte Aufzählung aller möglichen Änderungen enthalten, kommen einem allgemeinen Änderungsvorbehalt sehr nahe. Sie unterliegen daher den gleichen Einschränkungen.

Interessant ist nun, daß die „ARTU Berliner Gesellschaft für Studenten- und Jugendaustausch mbH" in ihren Reisebedingungen vom September 1970 sowie die „NUR Neckermann und Reisen GmbH & Co. KG Frankfurt" in den Bedingungen vom November 1969 eine Klausel verwenden, nach der auch eine Änderung der Reisetermine ohne Rücktrittsrecht des Kunden vorbehalten bleibt. Eine solche Bestimmung verstößt – sofern sie nicht eine reine Verkürzung der Reisezeit zur Folge hat – regelmäßig gegen berechtigte und wesentliche Interessen des Kunden, da dieser meist an feste Urlaubszeiten gebunden ist. Hier wird offensichtlich, wie sich die genannten Reiseveranstalter über grundlegende Belange ihrer Kunden hinwegsetzen. Gleichwohl werden jährlich eine Vielzahl von Reisen unter diesem Vorbehalt vermittelt und organisiert.

2. Reisebedingungen sehen allgemein ein Recht zur Absage durch den Veranstalter, d.h. ein Kündigungsrecht bei bestimmten Gründen vor. Der Kunde erhält für diesen Fall unter Ausschluß weitergehender Ansprüche den Reisepreis zurückerstattet. Soweit die Bedingungen einen Rücktritt wegen solcher Umstände vorsehen, für die weder den Veranstalter noch seine Erfüllungsgehilfen

ein Verschulden trifft, entspricht diese Regelung im Ergebnis der gesetzlichen Regelung nach §§ 646, 644, 323 BGB. Wenn aber die Absage der Reise auch bei einem Verschulden im Verantwortungsbereich des Veranstalters vorgesehen wird, dann läuft dieses Absagerecht auf einen Ausschluß der Haftung nach § 325 BGB hinaus. Nach h.M. ist aber ein Ausschluß der Verschuldenshaftung in AGB jedenfalls insoweit unzulässig, als er sich auf eigene grobe Fahrlässigkeit des Veranstalters sowie Vorsatz und grobe Fahrlässigkeit der leitenden Angestellten bezieht. Unterlaufen dem Veranstalter etwa Vermittlungsfehler oder Irrtümer bei der Planung, gerät er in finanzielle Schwierigkeiten oder in verschuldete Differenzen mit den Leistungsträgern, so sollen die Rechte des Kunden auf die bloße Rückerstattung des Preises beschränkt bleiben. Eine derart weitgehende Haftungsbeschränkung ist aber im genannten Umfang stets rechtswidrig. Gleichwohl bedient sich die Firma „airtours international GmbH & Co.KG, Frankfurt" in ihren Reisebedingungen vom Juli 1970 und die „flugunion berlin Flug- und Schiffsreisen GmbH" in ihren Bedingungen vom Dezember 1969 derartiger Klauseln. Ich darf die Klausel der flug-union berlin zur Demonstration einmal zitieren:

„fub ist befugt, jede Reise ohne Angabe von Gründen abzusagen."

3. Ein weiteres Beispiel für die ungerechtfertigte Abweichung von den Vorschriften des dispositiven Rechts findet sich in den Reisebedingungen der „Berliner Flug Ring GmbH & Co KG". In ihren Bedingungen nach dem Stand vom Dezember 1969 ist vorgesehen, einen Fluggast von der Teilnahme an einer Pauschalreise auszuschließen, wenn er nicht rechtzeitig zum Abflug erscheint oder nicht im Besitz der nötigen Reisedokumente ist. Der Ausschluß soll statthaft sein, ohne daß der Teilnehmerpreis zurückerstattet wird.

Diese Regelung ist insoweit anzuerkennen, als sie dem Veranstalter ermöglicht, die freibleibenden Plätze anderweitig zu verwenden. Doch muß sich der Veranstalter diesen Vorteil gegenüber dem Kunden anrechnen lassen. Die Bestimmung, daß dem Kunden der Teilnehmerpreis nicht einmal teilweise zurückgezahlt werden soll, verstößt ohne hinreichenden Abweichungsgrund gegen den Grundsatz der Vorteilsausgleichung nach § 324 Abs. 1 Satz 2 BGB.

4. Eine wahre Fundgrube für zweifelhafte und unzulässige Klauseln stellen die allgemeinen Haftungsregeln einiger Reisebedingungen dar. Meine Doktorandin weist in diesem Zusammenhang besonders auf die Regelung durch die „flug-union berlin" hin, die sich dadurch auszeichnet, daß sie die Haftung des Veranstalters von den verschiedensten Seiten zu beschränken sucht und damit im Ergebnis fast vollständig ausschließt. Hier könnten Erwägungen angebracht sein, die gesamte Regelung überhaupt für unzulässig zu erklären.

Nur als Beispiel möchte ich erwähnen, daß Ziff. 6 der „Allgemeinen Haftungsregeln" der „flug-union" sämtliche Ansprüche wegen Vermögensschäden und mittelbarer Schäden ausschließt. Mit dem Ausschluß von Vermögensschäden ist nicht etwa der Ersatz eines immateriellen Schadens gemeint – der wird von einer Ersatzpflicht ohnehin nicht erfaßt –, sondern offenbar in Anlehnung an § 823 Abs. 1 BGB jeder Schaden, der nicht Sach- oder Körperschaden ist. Damit werden aber eine Vielzahl von Mängel- und Mängelfolgeschäden von vornherein gänzlich ausgeschlossen. Die Untersuchung gelangt zwar zu dem Ergebnis, daß eine Begrenzung der Schadenshaftung für Fahrlässigkeit auf den Teilnehmerpreis – wie eine Vielzahl der Reisebedingungen sie vorsieht – als zulässig anerkannt werden kann, der zusätzliche Haftungsausschluß für alle Schäden aber, die weder Körper- noch Sachschäden sind, sowie der häufig eintretenden Folgeschäden, beeinträchtigt die Rechte der Kunden zu weitgehend. Die „flug-union" verfolgt hier allein den Zweck, ein durchaus überschaubares und von ihr selbst beeinflußbares Risiko dem Kunden zu überbürden. Ein sachlicher und an Gerechtigkeitserwägungen orientierter Grund für eine derart weitgehende Rechtsbeschränkung ist ersichtlich nicht vorhanden.

5. Das letzte Beispiel soll ebenfalls die einseitig orientierte Interessendurchsetzung mit Hilfe Allgemeiner Geschäftsbedingungen belegen. Es betrifft die Geltendmachung von Gewährleistungs- und Schadensersatzansprüchen.

Die Verjährung von Ansprüchen auf Wandelung, Minderung und Ersatz des Mangelschadens beurteilt sich bei der organisierten Vertragsreise als einer Geschäftsbesorgung nach Werkvertragsrecht. Danach verjähren die Gewährleistungsansprüche – von arglistig verschwiegenen Mängeln abgesehen – in 6 Monaten, ansonsten gilt die reguläre Verjährungsfrist von 30 Jahren (§ 638 BGB).

Einige Reisebedingungen enthalten aber Einschränkungen dieser Regelung. Während die ursprünglich vom Deutschen Reisebüroverband herausgegebenen Allgemeinen Reisebedingungen, auf die noch heute ein großer Teil der Firmenbedingungen ergänzend verweist, bestimmen, daß Haftungsansprüche unverzüglich nach Beendigung der Reise beim Veranstalter geltend zu machen sind, beschränken einige Reisebedingungen die Geltendmachung von Gewährleistungs- und Ersatzansprüchen auf feste Ausschlußfristen. So bestimmt die Firma „Touropa GmbH & Co KG, München" eine Frist von 6 Wochen, die Veranstalter „ARTU GmbH", „NUR Neckermann und Reisen GmbH & Co KG" und „Transeuropa Reisen GmbH Nürnberg" eine Frist von 4 Wochen, die „flug-union berlin GmbH", „Paneuropa KG München", „Dr. Tigges-Fahrten Wuppertal" sowie „Touropa, Scharnow- und Hummel-Reisen" eine Ausschlußfrist von 2 Wochen und die Firma „Aero Lloyd Berlin Flugreisen GmbH" schließlich eine Frist von nur 1 Woche. Man kann sich vorstellen, daß die Auswirkungen eines ersatzpflichtigen Vertragsverstoßes häufig wohl kaum innerhalb einer Woche nach Beendigung der Reise festgestellt werden können. Eine so kurz bemessene Ausschlußfrist läßt damit die Belange des Kunden in eklatanter Weise außer acht. Begegnet es auch Schwierigkeiten, die Angemessenheit derartiger Fristen im Sinne der Rechtsprechung des BGH festzustellen, so muß man sich doch vor Augen führen, daß der Kunde hier einem Zeitdruck unterworfen ist, der den Bedürfnissen des jeweiligen Einzelfalles nicht gerecht wird. Für Einzelheiten der Begründung sowie den Nachweis weiterer nichtiger Klauseln darf ich auf die genannte Arbeit verweisen.

b) Ausschluß der Zurückbehaltung wegen anerkannter Gewährleistungsansprüche in der Möbelbranche

Als weiterer empirischer Beleg dafür, daß eine richterliche Kontrolle der AGB nicht ausreicht, um Mißbräuche der Gestaltungsfreiheit der Unternehmen zu verhindern, mag aus der Klausel Nr. 7 der Lieferungs- und Zahlungsbedingungen der Firma Wilhelm Boehme, Zweigniederlassung Hannover, eines der angesehendsten überregionalen Möbelhäuser, der Absatz 4 dienen. Er lautet:

> „Bei Gegenansprüchen des Käufers aufgrund der Garantiepflicht des Verkäufers sowie bei Ansprüchen anderer Art ist der Käufer nicht berechtigt, den Kaufpreis, bei finanziertem Kauf seine Ratenzahlungen, zurückzuhalten oder aufzurechnen".

Ein Wirtschaftsprüfer, also nicht einer jener armen Rentner, die wir immer so gern zu schützen bereit sind, sondern ein wirtschaftlich und rechtlich erfahrener Kunde, bestellte kürzlich bei der genannten Firma eine Möbelgarnitur, die in mangelhafter Ausführung geliefert wurde. Die Mängel wurden auch bereitwillig anerkannt und Lieferung einer anderen mangelfreien Garnitur zugesagt, die naturgemäß lange auf sich warten ließ. Gleichwohl erhielt der Betreffende wenige Tage nach der als mangelhaft anerkannten Lieferung ein Mahnschreiben über den noch nicht gezahlten Restbetrag unter Inrechnungstellung einer Mahngebühr.Auf die entsprechende Klausel der AGB hingewiesen, war er nur schwer davon abzuhalten, den angemahnten Betrag zu überweisen. Obwohl einem schon der gesunde Menschenverstand sagt, daß man nicht etwas zu bezahlen braucht, was man nicht ordnungsgemäß erhalten hat, resignieren selbst rechtlich nicht unerfahrene Personen vor AGB, weil sich in diesen Kreisen die Meinung gebildet hat, man sei diesen Bedingungen gegenüber wehrlos. Die Tatsache, daß nicht jede der klein gedruckten Klauseln auch rechtswirksam sein muß, ist keineswegs allgemein bekannt. In unserem Fall des Zurückbehaltungsrechts hat der BGH in NJW 1958, S. 419, sogar entschieden, daß der Ausschluß der Zurückbehaltung „wegen irgendwelcher vom Verkäufer nicht anerkannten Gründe" durchaus zulässig sei. Dabei wurde aber bereits dahingestellt, ob anders zu entscheiden gewesen wäre, wenn auch die vorgebrachten Einreden entscheidungsreif gewesen wären, und in BGHZ 48, S. 264, heißt es dann, einer Berufung auf eine derartige Klausel sei nach Treu und Glauben (§ 242 BGB) die Wirksamkeit zu versagen; denn sie stelle eine unzulässige Rechtsausübung dar.[58]) Dabei weist der BGH darauf hin, daß er die-

---

[58]) BGHZ 48, 264 (268 f.).

se Auffassung bereits in zwei Urteilen aus den Jahren 1957 und 1959 vertreten habe, die beide unveröffentlicht sind.

Wenn der BGH aber erst im Jahre 1968, also 10 Jahre später, diese seine Rechtsprechung für veröffentlichungswürdig hält, dann wird doch mehr als deutlich, daß er sich seiner sozialen Verantwortung für die Bekämpfung mißbräuchlicher Geschäftsbedingungen nicht voll bewußt gewesen ist, sich vielmehr in Verkennung seiner Verantwortung auch faktisch auf eine reine inter partes-Wirkung seiner Rechtsprechung beschränkt hat. Im übrigen betrifft die Entscheidung des BGH einen Werklieferungsvertrag, wobei besonders betont wird, daß der Lieferer sich bereits gegenüber Mängeleinreden übermäßig gesichert habe, so daß der Leitsatz besonders eng formuliert wurde, nämlich:

> „Hat beim Werklieferungsvertrag über eine nicht vertretbare Sache der Lieferer in seinen Allgemeinen Lieferungsbedingungen, unter Ausschluß aller sonstiger Gewährleistungsansprüche des Bestellers, diesen auf ein Nachbesserungsrecht beschränkt und außerdem bei Verletzung der Nachbesserungspflicht Schadensersatzansprüche des Bestellers ausgeschlossen und ihm für einen solchen Fall lediglich ein Rücktrittsrecht eingeräumt, so verstößt der Lieferer gegen Treu und Glauben, wenn er sich gegenüber dem Nachbesserungsverlangen des Bestellers auf eine weitere Klausel in den Allgemeinen Lieferungsbedingungen beruft, wonach er nicht nachzubessern braucht, solange der Besteller seine Vertrags-, insbesondere Zahlungspflichten, nicht erfüllt".[59])

Diese enge Formulierung soll jedoch für den Fall gelten, daß im Prozeß nicht geklärt ist, ob die vom Besteller behaupteten Mängel bestehen oder nicht. Wenn aber – wie in unserem Falle des Möbelkaufs – der Mangel vom Lieferer ausdrücklich anerkannt wurde, dann muß die Berufung auf die Vorleistungspflicht auch dann treuwidrig sein, wenn die Rechte des Käufers im üb-

---

[59]) Ebd. S. 271.

rigen nicht so stark eingeengt sind. Vorleistungsklauseln sind also unwirksam, soweit sie gegenüber anerkannten Gewährleistungsansprüchen eingreifen sollen.[60])

Die Tatsache, daß der BGH dies noch nicht in aller Deutlichkeit ausgesprochen hat, zeigt einen weiteren Grund, warum eine richterliche Inhaltskontrolle nicht ausreicht. Abgesehen von der inter-partes-Wirkung pflegt Richterrecht sehr eng am Fall zu bleiben, so daß in der Praxis immer die Frage offenbleibt, ob auch geringfügige Varianten noch unter die Fallentscheidung zu subsumieren sind. Bis diese Frage in einem neuen Prozeß geklärt ist, dessen Entscheidung durch die höchstrichterliche Rechtsprechung eine gute Weile in Anspruch nimmt, sind in den Bedingungen der Unternehmen schon wieder neue Varianten entwickelt. Eine wirksame Mißbrauchsbekämpfung kann so nicht erfolgen.

3. Die Unzulänglichkeiten einer Inhaltskontrolle durch die Gerichte

Versuchen wir, die Gesichtspunkte zusammenzustellen, die gegen eine Beschränkung der Inhaltskontrolle auf eine Überprüfung durch die Gerichte sprechen, so wird man folgende Feststellungen treffen können:

a) Es widerspricht dem Normencharakter der AGB, eine Inhaltsüberprüfung lediglich inter partes wirken zu lassen. Die Rechtsprechung zu den AGB ist nur wenigen Spezialisten bekannt. Auch existieren unveröffentlichte Entscheidungen, die bestimmte Klauseln für nichtig erklärt haben. Eine ungehinderte Weiterverwendung nichtiger Bedingungen hat aber unbestreitbar faktische Wirkung.

---

[60]) So auch Schmidt-Salzer (FN. 2), S. 128.

b) Rechtsprechung hat eine Tendenz zur engen Fallentscheidung. Sie läßt die Berufung auf abweichende Fallgestaltungen und Varianten fast beliebig offen, so daß eine Präjudizienwirkung faktisch nur dann besteht, wenn der Aufsteller von AGB sich zur Anerkennung einer Entscheidung herbeiläßt.

c) Der Hinweis auf die Möglichkeit einer richterlichen Fallentscheidung, mit dem der Ruf nach dem Gesetzgeber so häufig abgewehrt wird, bedeutet – an sozialstaatlichen Grundsätzen gemessen – heute in vielen Fällen eine Rechtsverweigerung. In einem sozialen Rechtsstaat darf es dem einzelnen nicht anheimgestellt werden, die mangelnde Gesetzgebungsarbeit dadurch auszugleichen, daß er auf eigenes Risiko zu Gunsten der Allgemeinheit neues Recht erstreitet. Denn trotz sozialerer Ausgestaltung des Prozeßrechts ist ein Prozeß zu Gunsten der Allgemeinheit dem einzelnen nicht zumutbar. Die Forderung eines so unverdächtigen Zeugen wie Fritz Baur[61]) nach einer obligatorischen Rechtsschutzversicherung für jedermann ist wohl Beleg genug, um einzusehen, daß man dem einzelnen im Kampf gegen den Mißbrauch von AGB nicht das Prozeßrisiko aufbürden kann. Schon Fritz Werner hatte für solche Fälle, wo der einzelne durch einen Prozeß Versäumnisse des Gesetzgebers ausgleichen muß, wenigstens die Prozeßkostentragung durch die Staatskasse gefordert. Ganz abgesehen davon dauern Prozesse bis zur höchsten Instanz heute zu lange, und ich bin nicht so optimistisch, mir von einer Reform der Gerichtsverfassung und des Gerichtsverfahrens eine wesentliche Beschleunigung zu erhoffen.[62])

d) Eine Rechtsprechung, die sich als Kriterium der Inhaltsüberprüfung von AGB lediglich auf § 242 BGB berufen kann, ist überfordert, weil sie rechtspolitische Entscheidungen von großer Tragweite treffen muß, denen ohne Leitbilder durch den Gesetzgeber die demokratische Legitimation fehlt. Der

---

[61]) Fritz Baur: Armenrecht und Rechtsschutzversicherung, in JZ 1972, S. 75–78.

[62]) Ähnlich skeptisch Peter Arens: Mündlichkeitsprinzip und Prozeßbeschleunigung im Zivilprozeß, 1971, S. 40–47.

Richter müßte hier – wie Art. 1 Abs. 2 des schweizerischen Zivilgesetzbuches sagt – als Gesetzgeber fungieren, was im demokratischen Rechtsstaat nur der Ausnahme-, nicht der Regelfall sein darf.

III. Vorschläge für eine Verstärkung der Inhaltskontrolle de lege ferenda

Diese Hinweise auf die Unzulänglichkeit der Inhaltskontrolle von AGB durch die Gerichte sollen keineswegs besagen, daß den Gerichten die Möglichkeit der Inhaltskontrolle zu nehmen ist und daß nicht der einzelne die Chance behalten soll, einzelne ihm unzulässig erscheinende Klauseln überprüfen zu lassen, wenn er durch sie betroffen ist. Es sollte lediglich die Notwendigkeit aufgezeigt werden, im Gesetzgebungswege für weitere Verfahren der Inhaltskontrolle zu sorgen, um Mißbräuchen der AGB wirksam entgegentreten zu können. Derartige neue Verfahren sehe ich in drei Richtungen für sinnvoll an: einmal müßte die Disponibilität unseres alten Vertragsrechts durch Einbau neuer Rechtsvorschriften eingeschränkt werden; zweitens müßte ein behördliches Überprüfungsverfahren eingerichtet werden; und drittens müßte die Prüfungsbehörde als Vertreter staatlicher Interessen an Gerichtsverfahren über die Gültigkeit einzelner Bedingungen beteiligt werden.

1. Revision des dispositiven Vertragsrechts

Der Gedanke, das alte Vertragsrecht von BGB und HGB durch den Einbau neuer zwingender Vorschriften zu ergänzen und damit die Vertragsfreiheit weiter einzuschränken, bedeutet einen Bruch mit der liberalen Denktradition im Vertragsrecht und die Anpassung des Vertragsrechts an das Leitbild des Sozialstaates. Das ursprünglich auf das Leitbild des besitzenden, selbstständigen und aufgeklärten Bürgers und damit nur auf eine bestimmte gesellschaftliche Schicht zugeschnittene Recht der bürgerlichen Gesellschaft muß durch „Sozialisierung" dahin umgestaltet werden, daß es für alle Schichten funktionsfähig wird.[63]) Denn in der Rechtswirklichkeit ist die Vertragsfreiheit in der Hand des sozial Mächtigen etwas wesentlich anderes als in der Hand des sozial Schwachen. Nur der Besitzende hat die Chance, seine Vertragsbedingungen frei auszuhandeln. Dem Nichtbesitzenden werden sie oktroyiert.

Zwar gehört es zu den grundlegenden Eigengesetzlichkeiten jedes Soziallebens, Herrschaft und Ansehen unterschiedlich zu verteilen. Ein gewisses Maß an sozialer Ungleichheit muß also als Voraussetzung einer lebendigen und schöpferischen Gesellschaft hingenommen werden. Jedoch müssen diese faktischen Ungleichheiten mit dem sozialen Gleichheitsideal in ein sinnvolles Gleichgewicht gebracht werden. Die Notwendigkeit, zu diesem Zweck in den freien Sozialablauf einzugreifen, führt im Recht, wie Gustav Radbruch meisterhaft geschildert hat, zum Übergang vom individualistischen zum sozialen Recht.[64]) In wichtigen Punkten des Vertragsrechts ist dieser Übergang schon vollzogen, so insbesondere beim Arbeitsvertrag, bei der Wohnungsmiete, bei den Abzahlungsgeschäften oder bei Versicherungsverträgen. Das allgemeine Recht der Lieferverträge hat diese Entwicklung noch nicht mitgemacht, obwohl Anlaß besteht, auch hier zu Gunsten wirtschaftlich Schwächerer umzudenken.[65])

Ein besonderes Beispiel für die Reformbedürftigkeit dispositiver Regelung des Gesetzesrechts sind die Vorschriften der §§ 276 Abs. 2, 278 Satz 2, 476, 637 BGB, die einen Haftungsausschluß auch für grobe Fahrlässigkeit zulassen.[66])

---

63) Vgl. Manfred Rehbinder: Die gesellschaftlichen Funktionen des Rechts, in FS René König, 1972.

64) Gustav Radbruch: Der Mensch im Recht, 3. Aufl. 1957, S. 35–49.

65) Vgl. etwa Jens Meyer-Ladewig: Über soziale Gerechtigkeit in unserer Rechtsordnung, in MDR 1963, S. 724–726; Armin Schoreit: Gesetzliche Regelungen für allgemeine Geschäftsbedingungen? , in ZRP 1970, S. 175.

66) Das hat besonders Eugen D. Graue hervorgehoben, vgl. Fritz Hauss/Ole Lando u.a.: Richterliche Kontrolle Allgemeiner Geschäftsbedingungen, 1968, S. 163.

Andere Länder wie Frankreich, die Schweiz und Italien lassen eine derartige Freizeichnung nicht zu, wie ich meine: zu Recht. Hinsichtlich der Zulässigkeit anderer Vereinbarungen, etwa über den Gerichtsstand, über die Mängelhaftung u.ä. wird man bei einer gesetzlichen Neuregelung danach unterscheiden müssen, wer die Geschäftspartner sind. Auf lange Sicht werden wir nicht umhin können, die Entwicklung in den sozialistischen Rechtssystemen nachzuvollziehen, die das alte Kaufrecht der bürgerlichen Gesellschaft durch zwei voneinander getrennte Vertragstypen ersetzt haben, nämlich durch den sog. Liefervertrag, der zwischen dem Staat und den sozialistischen Organisationen, unseren Handelsgesellschaften, oder zwischen diesen Handelsgesellschaften untereinander geschlossen wird, und dem Kaufvertrag neuen Typs, der nur Geschäfte mit Verbrauchern betrifft.[67]) Der Verbraucherschutz stellt ohne Zweifel größere Anforderungen an den gesetzlichen Schutz vor ABG als der Schutz kaufmännischer Unternehmen voreinander.

Selbst wenn man das Kaufrecht im Sinne eines Verbraucherschutzes durch zwingendes Recht sozial absichert, bedeutet das nicht, daß man im übrigen die Verwendung von AGB ganz untersagen könnte, weil diese – wie behauptet wurde – nicht erforderlich seien.[68]) Kein noch so perfektionistisches neues Kaufrecht kann der Fülle der tatsächlichen Erscheinungen und Bedürfnisse des Wirtschaftslebens genügen. Insbesondere haben beide Parteien ein schutzwürdiges Interesse an Klarstellung und an Festlegung von Besonderheiten bestimmter typischer Geschäftsformen. Das rechtstechnische Mittel, um Verbraucherschutz und das Bedürfnis nach Festlegung von Besonderheiten in allgemeinen Bedingungen zu kombinieren, ist die Verwendung von sog. relativ zwingenden Normen, d.h. von Normen, die einen zwingenden Mindestschutz

---

67) Vgl. Graue ebd.

68) Vgl. die wohl etwas lebensfremden Bemerkungen eines Rechtstheoretikers wie Rupert Schreiber: Die rechtliche Beurteilung Allgemeiner Geschäftsbedingungen, in NJW 1967, S. 1441–1446; ferner die von gesellschaftspolitischem Mißtrauen gegen AGB erfüllten Ausführungen von Rolf Knieper: Technokratische Rationalität in Allgemeinen Geschäftsbedingungen? , in ZRP 1971, S. 60–67.

des Kunden vorsehen, der lediglich zu seinen Gunsten abgeändert werden kann. Warum soll es bei einzelnen Geschäften nicht sinnvoll sein, daß der Unternehmer dem Kunden einen größeren Service (dieses Wort im weitesten Sinne verstanden) bietet? Das mag sich dann in seinen Kalkulationen niederschlagen. Er soll aber nicht aus Gründen der Rationalisierung, die ja Gründe des Wettbewerbs mit seinen Konkurrenten sind, einen geringeren Service anbieten können. Relativ zwingende Normen schützen also einen Mindeststandard der angebotenen Leistung. Wo im einzelnen das Kaufrecht durch relativ zwingende Normen gegenüber abweichenden AGB zu verstärken ist, das herauszufinden, hat sich eine Arbeitsgruppe an der Universität Bielefeld zur Aufgabe gemacht, deren Ergebnisse in ein bis zwei Jahren vorliegen werden. Hierbei werden zweckmäßigerweise gleich die Bemühungen um eine internationale Rechtsvereinheitlichung, insbesondere die Haager Konvention von 1964 über die internationale Vereinheitlichung des Kaufrechts, zu berücksichtigen sein.[69])

2. Behördliches Überprüfungsverfahren

Neben einer Revision des Vertragsrechts im oben angedeuteten Sinne ist eine Überprüfung von AGB durch eine staatliche Behörde zu fordern, die am zweckmäßigsten im Rahmen der Kartellbehörden einzurichten wäre. Der dritte und vierte Teil der GWB über Behörden und Verfahren könnten dann entsprechend angewendet werden.

Diese Forderung entspricht einem „Rechtspolitischen Programm zum Schutz vor Allgemeinen Geschäftsbedingungen", das die Arbeitsgemeinschaft Sozialdemokratischer Juristen des Unterbezirks Hessen-Süd entworfen hat[70]) und das sich durch seine Abgewogenheit wohltuend von manchen anderen Verlaut-

---

[69]) Siehe RabelsZ 29 (1965), S. 166–209.

[70]) Abgedruckt in ZRP 1970, S. 190–191.

barungen jenes SPD-Bezirks unterscheidet. Man geht dort wohl zu Recht davon aus, daß Behörden langsam arbeiten und daß die Wirtschaft daher nicht bis zur Erteilung einer behördlichen Genehmigung warten kann, wenn sie mit neuen Bedingungen arbeiten möchte. Aus diesem Grunde soll die Verwendung von AGB zunächst nur an die Registrierung bei der Überwachungsbehörde und die Kenntlichmachung der Registrierung durch Angabe der Registernummer gebunden werden.

Mit der Registrierung soll dann aber ein Überprüfungsverfahren von Amts wegen einsetzen, das mit der Feststellung der Nichtigkeit bestimmter Klauseln enden kann. Die Nichtigkeit soll nach den Vorstellungen der ASJ nach Eintritt der Bestandskraft im Bundesanzeiger veröffentlicht werden. Mir scheint jedoch, daß eine entsprechende Untersagungsverfügung der Behörde ausreichend wäre. Zwar handelt es sich bei den AGB um Normen, so daß eine Parallele zur Nichtigerklärung durch das Bundesverfassungsgericht naheliegt. Es ist jedoch zu bedenken, daß es sich hier um Normen von begrenztem Wirkungsbereich handelt, die eher einer Vereinssatzung als einem Gesetz vergleichbar sind. Lehnt der Registerrichter die Eintragung einer bestimmten Klausel einer Vereinssatzung ab, so ergeht die Ablehnungsverfügung auch lediglich gegenüber dem Anmeldenden und wird nicht im Bundesanzeiger verkündet. Die Publikation einer Nichtigerklärung würde zu einer unnötigen Bloßstellung des betreffenden Unternehmens oder Unternehmensverbandes führen, woran angesichts der behördlichen Überwachung kein öffentliches Interesse bestehen kann. Auch Strafurteile werden schließlich nicht generell publiziert. Bei den Nichtigerklärungen des Bundesverfassungsgerichts liegt der Fall insofern anders, als hier die Publikation des Gesetzes gleichsam wieder „zurückgenommen" werden muß.

Das Überprüfungsverfahren müßte auch zu einem späteren Zeitpunkt auf Antrag in bezug auf einzelne Klauseln wiederholt werden können. Denn die Beurteilungen der Zulässigkeit oder Unzulässigkeit bestimmter Klauseln unterliegen durchaus dem Wandel, so daß die Möglichkeit bestehen muß, eine erneute Überprüfung in Gang zu setzen. Zur Antragstellung müßte jedermann mit berechtigtem Interesse imstande sein, also nicht nur potentielle Kunden, sondern u.a. auch Verbraucherverbände.

3. Beteiligung der staatlichen Überwachungsbehörde an Gerichtsverfahren

Nach dem eben erwähnten Vorschlag der ASJ Hessen-Süd sollen alle rechtskräftigen Gerichtsentscheidungen, die die Unwirksamkeit von AGB oder Teilen derselben feststellen, der staatlichen Prüfungsbehörde von Amts wegen mitgeteilt werden.[71]) Diese Forderung scheint mir jedoch nicht weitgehend genug zu sein, wenn man bedenkt, wie überfordert heute ein Richter ist, der bei der Beurteilung einer Klausel anhand des § 242 BGB nicht nur die Fülle relevanter Rechtsprechung und Literatur, sondern auch alle dort noch nicht vorgebrachten Gesichtspunkte berücksichtigen muß, die zumeist metajuristischer, nämlich wirtschaftswissenschaftlicher Natur sind. Diejenige Behörde, die sich von Amts wegen mit der Beurteilung derartiger Fragen beschäftigt, sollte daher unbedingt gehört werden. Sie könnte für eine gewisse Einheitlichkeit der Rechtsprechung und die Berücksichtigung derjenigen Gesichtspunkte sorgen, die über den Einzelfall hinausreichen. Bei Normenkontrollverfahren werden ja ebenfalls staatliche Instanzen gehört. Die Anhörung dürfte aber nicht ein bloßes Recht der Behörden sein, wie es § 90 GWB vorsieht, dessen entsprechende Geltung der Vorschlag der ASJ voraussetzt. Es müßte vielmehr eine Pflicht der Behörden bestehen, sich mindestens durch schriftliche Stellungnahme an jedem Verfahren zu beteiligen, in dem über die Gültigkeit einer Klausel in AGB entschieden wird. Kommt es dann zu einer rechtskräftigen Entscheidung, die die Unwirksamkeit feststellt, ist die Behörde davon in Kenntnis zu setzen. Sie wird dann zu entscheiden haben, ob sie eine entsprechende Untersagungsverfügung erläßt.

4) Beschränkung auf Verbraucheraufklärung?

Abschließend sei noch auf ein weiteres Mittel eingegangen, das kürzlich zur Bekämpfung unbilliger AGB empfohlen wurde, nämlich die Verbraucherauf-

---

[71]) Ebd. S. 191.

klärung. Grunsky fordert eine Bewußtseinsbildung der Verbraucher im Hinblick auf AGB. Sei dieses Bewußtsein vorhanden, dann werde durch den Wettbewerbsmechanismus schon ein Mißbrauch der Bedingungen aufhören. Dann könne auch die Inhaltskontrolle durch die Gerichte aufgegeben werden, die bedenklich sei. Schließlich werde durch die Gerichte ja auch nicht über die Angemessenheit des Preises oder die Qualität der Ware entschieden. Das sei allein eine Sache des Marktgeschehens. Die Forderung nach staatlichem Schutz gegen unbillige Bedingungen gehe von der pessimistischen Prämisse aus, der Kunde, der keine Bedingungen lesen könne oder wolle, sei dumm und faul.[72])

Man ist versucht, diese Äußerungen eines angesehenen Autors für die liebenswerte Naivität eines lebensfremden Professors zu halten. Niemand wird bestreiten, daß Verbraucheraufklärung wünschenswert ist. Wie ja überhaupt eine größere Rechtskenntnis und ein stärkeres Rechtsbewußtsein weiter Bevölkerungskreise ein rechtspolitisches Anliegen ersten Ranges ist.[73]) Aber abgesehen davon, daß die zum Teil doch recht komplizierten Regelungen der AGB nur schwer geeignet sind, dem Verständnis breiter Bevölkerungsschichten nahegebracht zu werden, muß doch ganz hart festgestellt werden: selbstverständlich sind breite Bevölkerungsschichten dumm und faul und werden dies wohl auch in naher Zukunft trotz aller wünschenswerten Bemühungen bleiben. Die deprimierenden Erfahrungen, die wir bislang mit der Breitenwirkung der Verbraucheraufklärung durch das Warentestinstitut und andere Stellen gemacht haben, läßt die Auffassung, man werde in absehbarer Zeit die Bevölkerung so erziehen können, daß sie in der Lage sei, durch Vergleich von AGB und Auswahl der günstigsten AGB sich gegen Übervorteilung selbst zu schützen, als reichlich utopisch erscheinen. Aus derselben Überlegung heraus wird man auch davon absehen müssen, die Verbraucherverbände anstelle

---

[72]) Wolfgang Grunsky: Erwiderung auf Walter Löwe (FN. 74), in BB 1972, S. 189–191.

[73]) Vgl. näher zu diesem Problem Manfred Rehbinder: Rechtskenntnis, Rechtsbewußtsein und Rechtsethos als Probleme der Rechtspolitik, in Rehbinder/Schelsky: Zur Effektivität des Rechts, Jahrbuch für Rechtssoziologie und Rechtstheorie, Bd. 3 (1972).

einer staatlichen Behörde in den Abwehrkampf gegen unbillige AGB institutionell einzubauen. Abgesehen davon, daß berechtigte Zweifel angemeldet wurden, ob diese Verbände in allen Fällen gegnerfrei, d.h. industrieunabhängig sind, ist es nach der bisherigen Entwicklung derartiger Verbände im In- und Ausland lebensfremd anzunehmen, derartige Verbände könnten einen genügend großen Organisationsgrad erreichen, um ein ernsthaftes Gegengewicht gegen die Unternehmerschaft zu bilden. So sehr man es also begrüßen würde, wenn sich die Verbraucherverbände nicht nur mit Preis- und Qualitätsfragen, sondern auch mit den AGB beschäftigen würden, so verfehlt wäre es, mit dem Hinweis auf diese Möglichkeit die Hände in den Schoß zu legen. Wäre das nämlich richtig, wäre zum Beispiel das Abzahlungsgesetz überflüssig gewesen.

Im einzelnen kann hier zur Widerlegung der Auffassung von Grunsky auf die treffenden Ausführungen von Walter Löwe verwiesen werden, der zu denjenigen gehört, die unsere gegenwärtige Sifuation am besten gekennzeichnet haben, wenn er feststellt, „daß die Rechtswirklichkeit auf dem Gebiet der AGB von einer ungeheuren Unsicherheit und Ungleichheit beherrscht wird, die in einem sozialen Rechtsstaat auf lange Sicht nicht mehr hinnehmbar erscheint. . . . Ein gerichtlicher Streit um die Gültigkeit von einzelnen Klauseln von AGB ist heute zu einer Art Glücksspiel mit sehr hohem Einsatz (Prozeßkosten!) geworden, und dies auf dem Gebiet der Rechtsgeschäfte des täglichen Lebens, für die der BGB-Gesetzgeber in den dispositiven Normen einen gerechten Interessenausgleich versucht hat. Diese Zustände kann man ohne Übertreibung als einen Skandal bezeichnen, den es abzuschaffen gilt".[74])
Diese Abhandlung möchte ein Beitrag sein, die notwendige Diskussion über die erforderlichen gesetzgeberischen Maßnahmen voranzutreiben.

---

[74]) Walter Löwe: Verstärkter Schutz des Kunden vor unbilligen Allgemeinen Geschäftsbedingungen durch Wettbewerb? , in BB 1972, S. 185–189 (187).

Thesen

1. Der Streit zwischen Normentheorie und Vertragstheorie beruht auf einer überholten Rechtsquellenlehre. AGB sind – ähnlich wie eine Vereinssatzung – rechtsgeschäftlich aufgestellte Normen.

2. Mißbräuche der Normsetzungsbefugnis können durch eine auf den Richterspruch beschränkte Inhaltskontrolle nicht wirksam bekämpft werden, denn
   a) solange nicht die von Fritz Baur geforderte obligatorische Rechtsschutzversicherung verwirklicht wird, widerspricht die Überbürdung des Prozeßrisikos auf den Kunden – wie im Grunde jeder Prozeß unter den heutigen Bedingungen – dem Sozialstaatsgedanken;

   b) es widerspricht dem Normencharakter der AGB, wenn eine Inhaltsüberprüfung lediglich inter partes wirkt.

3. Zusätzlich zur richterlichen Inhaltskontrolle sind daher neue Verfahren zu entwickeln, um Mißbräuchen in den AGB vorzubeugen. Als solche bieten sich an:

   a) Revision des alten (liberalistischen) Vertragsrechts durch Einbau relativ zwingender (sozialstaatlicher) Normen;

   b) Statuierung einer Anmeldepflicht für AGB als Wirksamkeitsvoraussetzung unter Ingangsetzung eines behördlichen Überprüfungsvorganges mit Untersagungsrecht;

   c) Beteiligungspflicht der Prüfungsbehörden an Gerichtsverfahren um die Gültigkeit von AGB.

MIX
Papier | Fördert gute Waldnutzung
FSC® C083411

Kolibri 360 GmbH
Ferdinand-Jühlke-Straße 7
99095 Erfurt, Deutschland
produktsicherheit@kolibri360.de